- 바른글 쓰기공부
- 반복적 쓰기공부
- 학습에 흥미유발
- 정확한 필법공부

한글쓰기

낱말 익히기 / 기본 받침 있는 낱말공부

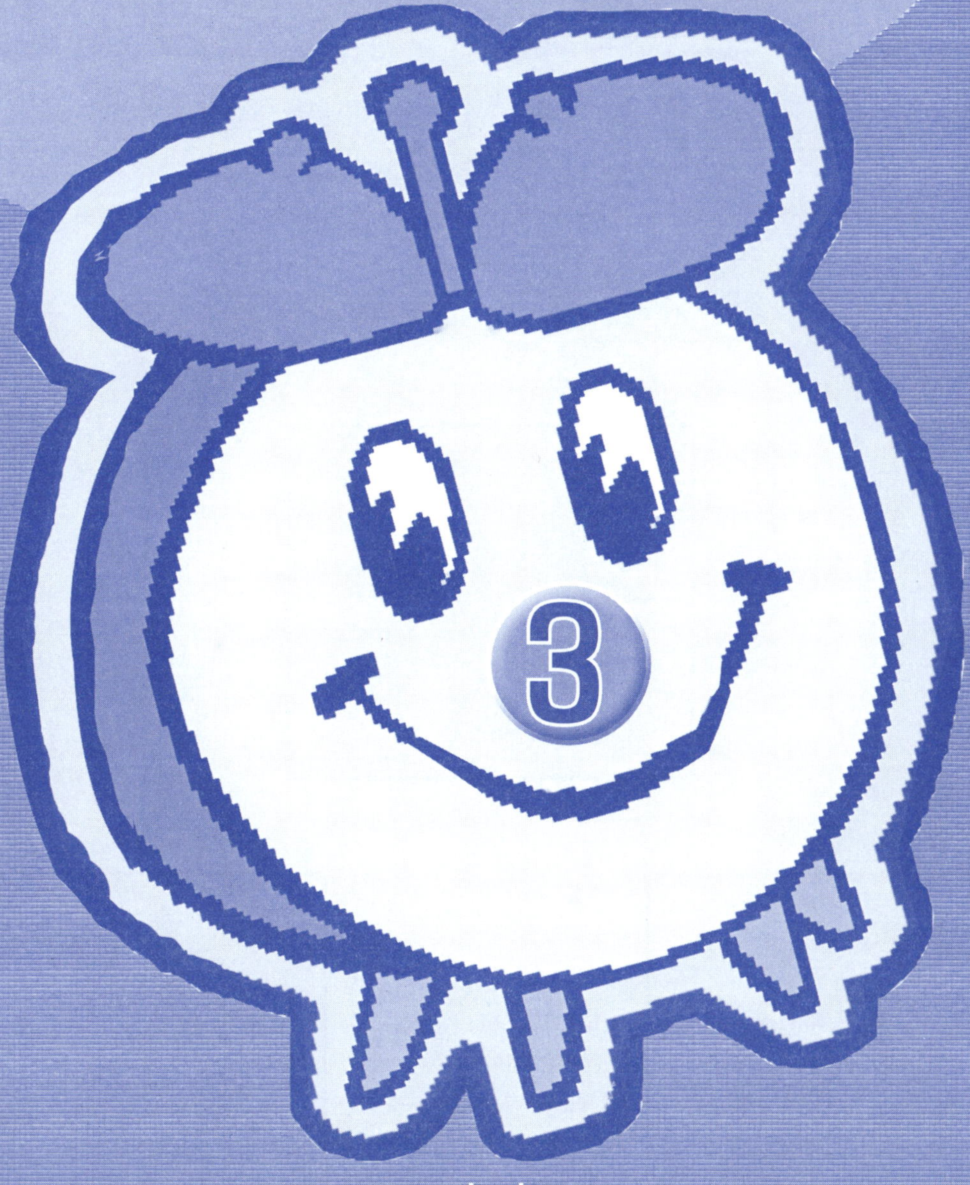

③

글씨 쓰는 자세

- 등을 곧게 펴고 앉으며 책과 눈의 거리는 약 30㎝ 정도가 되게 한다.
- 팔꿈치를 앞으로 내밀거나 몸을 옆으로 기울이지 않는다.
- 왼손은 책이 움직이지 않게 살짝 누른다.

연필을 바르게 쥐는 법

* 가운데 손가락 구부러진 곳 근처에 연필을 받치고 엄지와 검지손가락으로 연필 깎는 곳 바로 윗부분을 흔들리지 않게 잡는다.

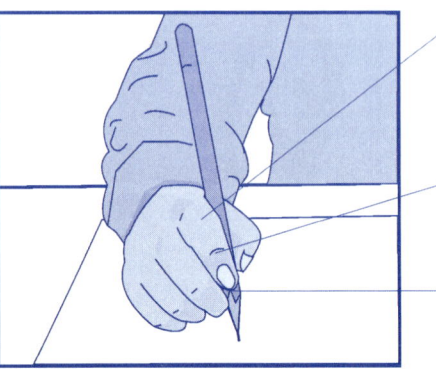

- 검지손가락 두 번째 마디는 약 90°쯤 되게 구부린다.
- 검지손가락 첫 번째 마디는 구부리지 않는다.
- 연필 깎은 곳 바로 윗부분을 잡는다.

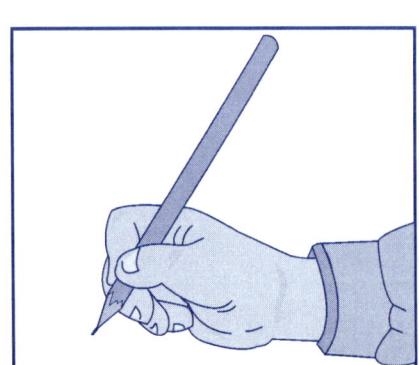

연필과 바닥의 각도는 옆으로 보아 약 50° 정도가 되면 적당하다.

(○)　　(×)

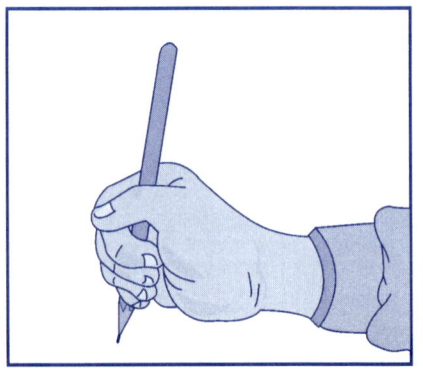

앞장의 종이 위에 바르게 따라 써 봅시다.

라	면	리	본	마	늘
라	면	리	본	마	늘
라	면	리	본	마	늘
라	면	리	본	마	늘
라	면	리	본	마	늘
라	면	리	본	마	늘
라	면	리	본	마	늘
라	면	리	본	마	늘
라	면	리	본	마	늘

| 날씨 | 월 | 일 | 요일 | 쓰기연습 | 확인 | 참 잘했어요 | 잘했어요 |

라	면		리	본		마	늘
라	면		리	본		마	늘

앞장의 종이 위에 바르게 따라 써 봅시다.

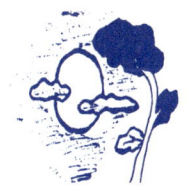  

달		마	술		독	수	리
달		마	술		독	수	리
달		마	술		독	수	리
달		마	술		독	수	리
달		마	술		독	수	리
달		마	술		독	수	리
달		마	술		독	수	리
달		마	술		독	수	리
달		마	술		독	수	리

날씨	월 일 요일 ☀ 🍃 ☂ ⛄	쓰기연습	확인	참 잘했어요	잘했어요

달		마	술		독	수	리
달		마	술		독	수	리

앞장의 종이 위에 바르게 따라 써 봅시다.

  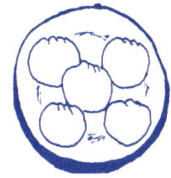

등	대		등	잔		만	두
등	대		등	잔		만	두
등	대		등	잔		만	두
등	대		등	잔		만	두
등	대		등	잔		만	두
등	대		등	잔		만	두
등	대		등	잔		만	두
등	대		등	잔		만	두
등	대		등	잔		만	두

| 날씨 | 월 일 요일 | 쓰기연습 | 확인 | 참 잘했어요 | 잘했어요 |

등	대		등	잔		만	두
등	대		등	잔		만	두

앞장의 종이 위에 바르게 따라 써 봅시다.

무	용		물	개		바	늘
무	용		물	개		바	늘
무	용		물	개		바	늘
무	용		물	개		바	늘
무	용		물	개		바	늘
무	용		물	개		바	늘
무	용		물	개		바	늘
무	용		물	개		바	늘
무	용		물	개		바	늘

날씨	월 일 요일	쓰기연습	확인	참 잘했어요	잘했어요

무	용		물	개		바	늘
무	용		물	개		바	늘

앞장의 종이 위에 바르게 따라 써 봅시다.

목	소	리		바	람	개	비
목	소	리		바	람	개	비
목	소	리		바	람	개	비
목	소	리		바	람	개	비
목	소	리		바	람	개	비
목	소	리		바	람	개	비
목	소	리		바	람	개	비
목	소	리		바	람	개	비
목	소	리		바	람	개	비

| 날씨 | 월 일 요일 ☀ ☁ ☂ ☃ | 쓰기연습 | 확인 | 참 잘했어요 | 잘했어요 |

| 목 | 소 | 리 | | 바 | 람 | 개 | 비 |

| 목 | 소 | 리 | | 바 | 람 | 개 | 비 |

앞장의 종이 위에 바르게 따라 써 봅시다.

 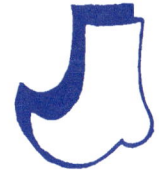 

밤		버	선		부	엉	이
밤		버	선		부	엉	이
밤		버	선		부	엉	이
밤		버	선		부	엉	이
밤		버	선		부	엉	이
밤		버	선		부	엉	이
밤		버	선		부	엉	이
밤		버	선		부	엉	이
밤		버	선		부	엉	이

| 날씨 | 월 일 요일 ☀ 🍃 ☂ ⛄ | 쓰기연습 | 확인 | 참 잘했어요 | 잘했어요 |

밤		버	선		부	영	이
밤		버	선		부	영	이

앞장의 종이 위에 바르게 따라 써 봅시다.

뱀		백	조		병	아	리
뱀		백	조		병	아	리
뱀		백	조		병	아	리
뱀		백	조		병	아	리
뱀		백	조		병	아	리
뱀		백	조		병	아	리
뱀		백	조		병	아	리
뱀		백	조		병	아	리
뱀		백	조		병	아	리

| 날씨 | 월 일 요일 ☀ 🍃 ☂ ⛄ | 쓰기연습 | 확인 | 참 잘했어요 | 잘했어요 |

뱀		백	조		병	아	리
뱀		백	조		병	아	리

앞장의 종이 위에 바르게 따라 써 봅시다.

비	행	기		버	섯		북
비	행	기		버	섯		북
비	행	기		버	섯		북
비	행	기		버	섯		북
비	행	기		버	섯		북
비	행	기		버	섯		북
비	행	기		버	섯		북
비	행	기		버	섯		북
비	행	기		버	섯		북

| 날씨 | 월 일 요일 ☀ ☁ ☂ ⛄ | 쓰기연습 | 확인 | 참 잘했어요 | 잘했어요 |

비	행	기		버	섯		북
비	행	기		버	섯		북

앞장의 종이 위에 바르게 따라 써 봅시다.

비	둘	기	병	부	억
비	둘	기	병	부	억
비	둘	기	병	부	억
비	둘	기	병	부	억
비	둘	기	병	부	억
비	둘	기	병	부	억
비	둘	기	병	부	억
비	둘	기	병	부	억
비	둘	기	병	부	억

| 날씨 | 월 일 요일 | 쓰기연습 | 확인 | 참 잘했어요 | 잘했어요 |

비 둘 기   병   부 엌

비 둘 기   병   부 엌

앞장의 종이 위에 바르게 따라 써 봅시다.

사	슴		사	람		시	장
사	슴		사	람		시	장
사	슴		사	람		시	장
사	슴		사	람		시	장
사	슴		사	람		시	장
사	슴		사	람		시	장
사	슴		사	람		시	장
사	슴		사	람		시	장
사	슴		사	람		시	장

| 날씨 | 월 일 요일 | 쓰기연습 | 확인 | 참 잘했어요 | 잘했어요 |

사 슴　　사 람　　시 장

사 슴　　사 람　　시 장

앞장의 종이 위에 바르게 따라 써 봅시다.

손	생	각	송	아	지
손	생	각	송	아	지
손	생	각	송	아	지
손	생	각	송	아	지
손	생	각	송	아	지
손	생	각	송	아	지
손	생	각	송	아	지
손	생	각	송	아	지
손	생	각	송	아	지

| 날씨 | 월 일 요일 ☀ 🍃 ☂ ⛄ | 쓰기연습 | 확인 | 참 잘했어요 | 잘했어요 |

손　　생각　　송아지

손　　생각　　송아지

앞장의 종이 위에 바르게 따라 써 봅시다.

사	진		소	금		수	박
사	진		소	금		수	박
사	진		소	금		수	박
사	진		소	금		수	박
사	진		소	금		수	박
사	진		소	금		수	박
사	진		소	금		수	박
사	진		소	금		수	박
사	진		소	금		수	박

| 날씨 | 월 일 요일 | 쓰기연습 | 확인 | 참 잘했어요 | 잘했어요 |

사	진		소	금		수	박
사	진		소	금		수	박

앞장의 종이 위에 바르게 따라 써 봅시다.

산		수	영		십	자	가
산		수	영		십	자	가
산		수	영		십	자	가
산		수	영		십	자	가
산		수	영		십	자	가
산		수	영		십	자	가
산		수	영		십	자	가
산		수	영		십	자	가
산		수	영		십	자	가

| 날씨 | 월 일 요일 | 쓰기연습 | 확인 | 참 잘했어요 | 잘했어요 |

산　　수영　　십자가

산　　수영　　십자가

앞장의 종이 위에 바르게 따라 써 봅시다.

사	탕		크	림		소	풍
사	탕		크	림		소	풍
사	탕		크	림		소	풍
사	탕		크	림		소	풍
사	탕		크	림		소	풍
사	탕		크	림		소	풍
사	탕		크	림		소	풍
사	탕		크	림		소	풍
사	탕		크	림		소	풍

| 날씨 | 월 일 요일 | 쓰기연습 | 확인 | 참 잘했어요 | 잘했어요 |

사	탕		크	림		소	풍
사	탕		크	림		소	풍

앞장의 종이 위에 바르게 따라 써 봅시다.

아	침	악	보	어	항
아	침	악	보	어	항
아	침	악	보	어	항
아	침	악	보	어	항
아	침	악	보	어	항
아	침	악	보	어	항
아	침	악	보	어	항
아	침	악	보	어	항
아	침	악	보	어	항

| 날씨 | 월 일 요일 | 쓰기연습 | 확인 | 참 잘했어요 | 잘했어요 |

아 침   악 보   어 항

아 침   악 보   어 항

앞장의 종이 위에 바르게 따라 써 봅시다.

어	린	이		오	늘		연
어	린	이		오	늘		연
어	린	이		오	늘		연
어	린	이		오	늘		연
어	린	이		오	늘		연
어	린	이		오	늘		연
어	린	이		오	늘		연
어	린	이		오	늘		연
어	린	이		오	늘		연

날씨	월	일	요일		쓰기연습	확인	참 잘했어요	잘했어요

어 린 이   오 늘   연

어 린 이   오 늘   연

앞장의 종이 위에 바르게 따라 써 봅시다.

왕	자	우	물	우	승
왕	자	우	물	우	승
왕	자	우	물	우	승
왕	자	우	물	우	승
왕	자	우	물	우	승
왕	자	우	물	우	승
왕	자	우	물	우	승
왕	자	우	물	우	승
왕	자	우	물	우	승

	월 일 요일	쓰기연습	확인	참 잘했어요	잘했어요
날씨					

왕	자	우	물	우	승
왕	자	우	물	우	승

앞장의 종이 위에 바르게 따라 써 봅시다.

양	배	추		옥	수	수	
양	배	추		옥	수	수	
양	배	추		옥	수	수	
양	배	추		옥	수	수	
양	배	추		옥	수	수	
양	배	추		옥	수	수	
양	배	추		옥	수	수	
양	배	추		옥	수	수	
양	배	추		옥	수	수	

| 날씨 | 월 일 요일 | 쓰기연습 | 확인 | 참 잘했어요 | 잘했어요 |

양배추 옥수수

양배추 옥수수

앞장의 종이 위에 바르게 따라 써 봅시다.

우	산		인	사		자	석
우	산		인	사		자	석
우	산		인	사		자	석
우	산		인	사		자	석
우	산		인	사		자	석
우	산		인	사		자	석
우	산		인	사		자	석
우	산		인	사		자	석
우	산		인	사		자	석

| 날씨 | 월 | 일 | 요일 | 쓰기연습 | 확인 | 참 잘했어요 | 잘했어요 |

우	산		인	사		자	석
우	산		인	사		자	석

앞장의 종이 위에 바르게 따라 써 봅시다.

염	소		저	녁		저	축
염	소		저	녁		저	축
염	소		저	녁		저	축
염	소		저	녁		저	축
염	소		저	녁		저	축
염	소		저	녁		저	축
염	소		저	녁		저	축
염	소		저	녁		저	축
염	소		저	녁		저	축

날씨	월	일	요일	쓰기연습	확인	참 잘했어요	잘했어요

염소　　저녁　　저축

염소　　저녁　　저축

앞장의 종이 위에 바르게 따라 써 봅시다.

자	동	차		잠	자	리	
자	동	차		잠	자	리	
자	동	차		잠	자	리	
자	동	차		잠	자	리	
자	동	차		잠	자	리	
자	동	차		잠	자	리	
자	동	차		잠	자	리	
자	동	차		잠	자	리	
자	동	차		잠	자	리	

날씨	월 일 요일	쓰기연습	확인	참 잘했어요	잘했어요

자 동 차   잠 자 리

자 동 차   잠 자 리

앞장의 종이 위에 바르게 따라 써 봅시다.

자	전	거		정	미	소
자	전	거		정	미	소
자	전	거		정	미	소
자	전	거		정	미	소
자	전	거		정	미	소
자	전	거		정	미	소
자	전	거		정	미	소
자	전	거		정	미	소
자	전	거		정	미	소

날씨	월	일	요일		쓰기연습	확인	참 잘했어요	잘했어요

자 전 거   정 미 소

자 전 거   정 미 소

앞장의 종이 위에 바르게 따라 써 봅시다.

 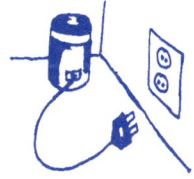 

저	울		전	기		전	차
저	울		전	기		전	차
저	울		전	기		전	차
저	울		전	기		전	차
저	울		전	기		전	차
저	울		전	기		전	차
저	울		전	기		전	차
저	울		전	기		전	차
저	울		전	기		전	차

날씨	월 일 요일	쓰기연습	확인	참 잘했어요	잘했어요

저울 전기 전차

저울 전기 전차

앞장의 종이 위에 바르게 따라 써 봅시다.

전	화	주	걱	주	먹
전	화	주	걱	주	먹
전	화	주	걱	주	먹
전	화	주	걱	주	먹
전	화	주	걱	주	먹
전	화	주	걱	주	먹
전	화	주	걱	주	먹
전	화	주	걱	주	먹
전	화	주	걱	주	먹

| 날씨 | 월 일 요일 | 쓰기연습 | 확인 | 참 잘했어요 | 잘했어요 |

| 전 | 화 | | 주 | 걱 | | 주 | 먹 |

| 전 | 화 | | 주 | 걱 | | 주 | 먹 |

앞장의 종이 위에 바르게 따라 써 봅시다.

종	이	배		쥐		주	발
종	이	배		쥐		주	발
종	이	배		쥐		주	발
종	이	배		쥐		주	발
종	이	배		쥐		주	발
종	이	배		쥐		주	발
종	이	배		쥐		주	발
종	이	배		쥐		주	발
종	이	배		쥐		주	발

| 날씨 | 월 일 요일 | 쓰기연습 | 확인 | 참 잘했어요 | 잘했어요 |

종이배 쥐 주발

종이배 쥐 주발

앞장의 종이 위에 바르게 따라 써 봅시다.

주	전	자		주	차	장
주	전	자		주	차	장
주	전	자		주	차	장
주	전	자		주	차	장
주	전	자		주	차	장
주	전	자		주	차	장
주	전	자		주	차	장
주	전	자		주	차	장
주	전	자		주	차	장

주전자   주차장

주전자   주차장

앞장의 종이 위에 바르게 따라 써 봅시다.

참	외		천	사		청	소
참	외		천	사		청	소
참	외		천	사		청	소
참	외		천	사		청	소
참	외		천	사		청	소
참	외		천	사		청	소
참	외		천	사		청	소
참	외		천	사		청	소
참	외		천	사		청	소

날씨	월 일 요일 ☀ ☁ ☂ ⛄	쓰기연습	확인	참 잘했어요	잘했어요

참	외		천	사		청	소
참	외		천	사		청	소

앞장의 종이 위에 바르게 따라 써 봅시다.

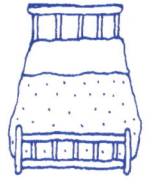  

침	대		탁	구		태	양
침	대		탁	구		태	양
침	대		탁	구		태	양
침	대		탁	구		태	양
침	대		탁	구		태	양
침	대		탁	구		태	양
침	대		탁	구		태	양
침	대		탁	구		태	양
침	대		탁	구		태	양

| 날씨 | 월 | 일 | 요일 | 쓰기연습 | 확인 | 참 잘했어요 | 잘했어요 |

침 대   탁 구   태 양

침 대   탁 구   태 양

앞장의 종이 위에 바르게 따라 써 봅시다.

총		택	시		파	랑	새
총		택	시		파	랑	새
총		택	시		파	랑	새
총		택	시		파	랑	새
총		택	시		파	랑	새
총		택	시		파	랑	새
총		택	시		파	랑	새
총		택	시		파	랑	새
총		택	시		파	랑	새

| 날씨 | 월 일 요일 | 쓰기연습 | 확인 | 참 잘했어요 | 잘했어요 |

총   택시   파랑새

총   택시   파랑새

앞장의 종이 위에 바르게 따라 써 봅시다.

해	수	욕	장	항	아	리
해	수	욕	장	항	아	리
해	수	욕	장	항	아	리
해	수	욕	장	항	아	리
해	수	욕	장	항	아	리
해	수	욕	장	항	아	리
해	수	욕	장	항	아	리
해	수	욕	장	항	아	리
해	수	욕	장	항	아	리

| 날씨 | ☀ ☁ ☂ ☃ | 쓰기연습 | 확인 | 참 잘했어요 | 잘했어요 |

해 수 욕 장   항 아 리

해 수 욕 장   항 아 리

앞장의 종이 위에 바르게 따라 써 봅시다.

국	군		석	류		새	싹
국	군		석	류		새	싹
국	군		석	류		새	싹
국	군		석	류		새	싹
국	군		석	류		새	싹
국	군		석	류		새	싹
국	군		석	류		새	싹
국	군		석	류		새	싹
국	군		석	류		새	싹

| 날씨 | 월 일 요일 ☀ 🍃 ☂ ⛄ | 쓰기연습 | 확인 | 참 잘했어요 | 잘했어요 |

국	군		석	류		새	싹
국	군		석	류		새	싹

앞장의 종이 위에 바르게 따라 써 봅시다.

갈	매	기		고	슴	도	치
갈	매	기		고	슴	도	치
갈	매	기		고	슴	도	치
갈	매	기		고	슴	도	치
갈	매	기		고	슴	도	치
갈	매	기		고	슴	도	치
갈	매	기		고	슴	도	치
갈	매	기		고	슴	도	치
갈	매	기		고	슴	도	치

| 날씨 | 월 일 요일 | 쓰기연습 | 확인 | 참 잘했어요 | 잘했어요 |

갈매기　　고슴도치

갈매기　　고슴도치

앞장의 종이 위에 바르게 따라 써 봅시다.

강	물		김	밥		눈	물
강	물		김	밥		눈	물
강	물		김	밥		눈	물
강	물		김	밥		눈	물
강	물		김	밥		눈	물
강	물		김	밥		눈	물
강	물		김	밥		눈	물
강	물		김	밥		눈	물
강	물		김	밥		눈	물

| 날씨 | 월 일 요일 ☀ ☁ ☂ ⛄ | 쓰기연습 | 확인 | 참 잘했어요 | 잘했어요 |

강	물		김	밥		눈	물
강	물		김	밥		눈	물

앞장의 종이 위에 바르게 따라 써 봅시다.

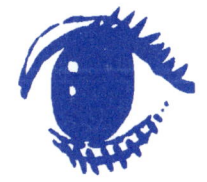 

눈	동	자		눈	사	람
눈	동	자		눈	사	람
눈	동	자		눈	사	람
눈	동	자		눈	사	람
눈	동	자		눈	사	람
눈	동	자		눈	사	람
눈	동	자		눈	사	람
눈	동	자		눈	사	람
눈	동	자		눈	사	람

| 날씨 | 월 일 요일 ☀ ☁ ☂ ☃ | 쓰기연습 | 확인 | 참 잘했어요 | 잘했어요 |

눈	동	자		눈	사	람	
눈	동	자		눈	사	람	

앞장의 종이 위에 바르게 따라 써 봅시다.

 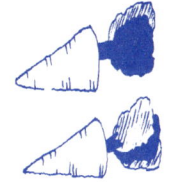 

다	람	쥐	당	근	떡
다	람	쥐	당	근	떡
다	람	쥐	당	근	떡
다	람	쥐	당	근	떡
다	람	쥐	당	근	떡
다	람	쥐	당	근	떡
다	람	쥐	당	근	떡
다	람	쥐	당	근	떡
다	람	쥐	당	근	떡

| 날씨 | 월 일 요일 | 쓰기연습 | 확인 | 참 잘했어요 | 잘했어요 |

다 람 쥐　　당 근　　떡

다 람 쥐　　당 근　　떡

앞장의 종이 위에 바르게 따라 써 봅시다.

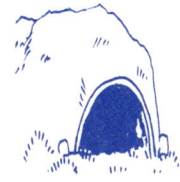  

동	굴		동	산		동	생
동	굴		동	산		동	생
동	굴		동	산		동	생
동	굴		동	산		동	생
동	굴		동	산		동	생
동	굴		동	산		동	생
동	굴		동	산		동	생
동	굴		동	산		동	생
동	굴		동	산		동	생

| 날씨 | 월 일 요일 ☀ ☁ ☂ ☃ | 쓰기연습 | 확인 | 참 잘했어요 | 잘했어요 |

동	굴		동	산		동	생
동	굴		동	산		동	생

앞장의 종이 위에 바르게 따라 써 봅시다.

 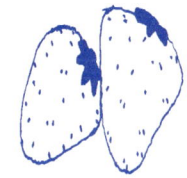 

동	상		딸	기		물	통
동	상		딸	기		물	통
동	상		딸	기		물	통
동	상		딸	기		물	통
동	상		딸	기		물	통
동	상		딸	기		물	통
동	상		딸	기		물	통
동	상		딸	기		물	통
동	상		딸	기		물	통

| 날씨 | 월 일 요일 | 쓰기연습 | 확인 | 참 잘했어요 | 잘했어요 |

동 상   딸 기   물 통

동 상   딸 기   물 통

앞장의 종이 위에 바르게 따라 써 봅시다.

  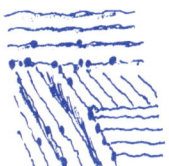

동	물	원		미	역		밭
동	물	원		미	역		밭
동	물	원		미	역		밭
동	물	원		미	역		밭
동	물	원		미	역		밭
동	물	원		미	역		밭
동	물	원		미	역		밭
동	물	원		미	역		밭
동	물	원		미	역		밭

날씨	월	일	요일		쓰기연습	확인	참 잘했어요	잘했어요

동	물	원		미	역		밭
동	물	원		미	역		밭

앞장의 종이 위에 바르게 따라 써 봅시다.

방	울		복	숭	아		별
방	울		복	숭	아		별
방	울		복	숭	아		별
방	울		복	숭	아		별
방	울		복	숭	아		별
방	울		복	숭	아		별
방	울		복	숭	아		별
방	울		복	숭	아		별
방	울		복	숭	아		별

| 날씨 | 월 일 요일 ☀ 🍃 ☂ ⛄ | 쓰기연습 | 확인 | 참 잘했어요 | 잘했어요 |

방울　　복숭아　　별

방울　　복숭아　　별